1911 Juin 23

VENTE

Des Vendredi 23, Samedi 24
Lundi 26 et Mardi 27 Juin 1911

HOTEL DROUOT, SALLE N° 6

A DEUX HEURES

OBJETS D'ART

ET

D'AMEUBLEMENT ANCIENS

TABLEAUX ANCIENS ET MODERNES

GRAVURES

FAIENCES ET PORCELAINES ANCIENNES

BIJOUX, ARGENTERIE

LE TOUT PROVENANT D'UN CHATEAU

ET APPARTENANT A MADAME DE X...

COMMISSAIRE-PRISEUR

Me F. LAIR-DUBREUIL

EXPERTS

MM. G. SORTAIS, FALKENBERG
PAULME & B. LASQUIN Fils

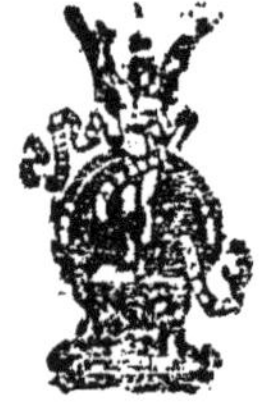

CATALOGUE

DES

OBJETS D'ART

ET

D'AMEUBLEMENT ANCIENS

TABLEAUX ANCIENS ET MODERNES

Portrait du sculpteur LEM, par J.-B. Greuze

GRAVURES ANCIENNES DU XVIIIe SIÈCLE

FAIENCES ET PORCELAINES

Delft, Moustiers, Marseille,
Rouen, Strasbourg, Chine, Paris, Saxe

SERVICES EN ANCIENNE PORCELAINE DE LA COMPAGNIE DES INDES

MEUBLES ET SIÈGES DU XVIIIe SIÈCLE

Vitrines en marqueterie de bois de rose

BRONZES D'ART ET D'AMEUBLEMENT

PENDULES — APPLIQUES — LUSTRES, ETC.

BIJOUX

ARGENTERIE, DENTELLES, OBJETS DE VITRINE

ARMES, TENTURES, TAPIS

LE TOUT PROVENANT D'UN CHATEAU

Et Appartenant à Madame de X...

DONT LA VENTE AURA LIEU A PARIS

HOTEL DROUOT, SALLE N° 6

Les Vendredi 23, Samedi 24, Lundi 26 et Mardi 27 Juin 1911

à deux heures

COMMISSAIRE-PRISEUR

Me F. LAIR-DUBREUIL, 6, rue Favart

EXPERTS

Pour les Tableaux :	*Pour les Bijoux :*	*Pour les Objets d'art :*
M. G. SORTAIS	**M. FALKENBERG**	**MM. PAULME & B. LASQUIN Fils**
11, rue Scribe	6, rue Lafayette	10, r. Chauchat | 11, r. Grange-Batelière

---

EXPOSITION PUBLIQUE

Le Jeudi 22 Juin 1911, salle n° 6, de 1 heure 1/2 à 6 heures

CONDITIONS DE LA VENTE

Elle sera faite au comptant.

Les adjudicataires paieront *dix pour cent* en sus des enchères.

L'exposition mettant le public à même de se rendre compte de l'état et de la nature des objets, aucune réclamation ne sera admise une fois l'adjudication prononcée.

Paris. — Imp. de l'Art, Ch. Berger, 41, rue de la Victoire

ORDRE DES VACATIONS

Vendredi 23 Juin

Tableaux	1 à 26
Gravures	27 à 41
Faïences et Porcelaines	214 à 313

Samedi 24 Juin

Bijoux	42 à 104

Lundi 26 Juin

Argenterie, Métal argenté	105 à 173
Dentelles, Objets de vitrine, Boîtes, Éventails, Miniatures	174 à 213

Mardi 27 Juin

Armes, Objets divers, Sculptures	314 à 335
Bronzes, Pendules, Lustres	336 à 368
Meubles et Sièges, Tapis, Tentures, Étoffes	369 à 437

DÉSIGNATION

TABLEAUX

ANCIENS ET MODERNES

BOUDIN (Genre de EUGÈNE)

1 — *Un Pont sur la Seine.*

Toile. Haut., 36 cent.; larg., 58 cent.

CHARDIN (École de J.-B.-S.)

2 — *Portrait de Femme âgée, vêtue d'une mante noire.*

Toile. Haut., 63 cent.; larg., 48 cent.

DROUAIS (École d'HUBERT) LE FILS

3 — *Portrait de Jeune Femme, vêtue de rose, tenant un feuillet de musique dans la main.*

Toile ovale. Haut., 65 cent.; larg., 52 cent.

2

ÉCOLE FRANÇAISE
(Commencement du XVIIe siècle)

4 — *Portrait de Jeune Femme, coiffée d'un voile noir, vêtue d'une robe rouge.*

Toile ovale. Haut., 73 cent.; larg., 58 cent.

Cadre en bois sculpté.

ÉCOLE FRANÇAISE (XVIIIe siècle)

5 — *La Déclaration ou le Secrétaire galant.*

Toile. Haut., 57 cent.; larg., 47 cent.

ÉCOLE ITALIENNE (XVIIe siècle)

6 — *Oiseaux de basse-cour dans un paysage.*

Deux pendants.

Toile. Haut. 42 cent.; larg., 55 cent.

ÉCOLE ITALIENNE (XVIIIe siècle)

7 — *Groupe d'oiseaux dans un paysage boisé.*

Toile. Haut., 42 cent.; larg., 56 cent.

ÉCOLE HOLLANDAISE (XVIIIe siècle)

8 — *Portrait d'un Seigneur en buste.*

Vers la droite, coiffé d'une grande perruque, enveloppé dans un manteau de brocart d'or à revers de soie bleue.

Toile ovale. Haut., 73 cent.; larg., 58 cent.

GOUPIL (Léon)

9 — *Portrait de Jeune Femme en costume Henri IV dans un intérieur.*

Bois. Haut., 81 cent.; larg., 61 cent.

Signé en bas à gauche : *Léon Goupil.*

Encadrement de panneaux en bois sculpté.

GREUZE (Genre de)

10 — *La Jeune Fille aux petits chiens.*

Toile. Haut., 81 cent.; larg., 65 cent.

GREUZE (J.-B.)

11 — *Portrait de vieillard.*

Vu en buste de trois quarts vers la droite, ses cheveux blancs tombant dans le dos, il est colleté d'une cravate de batiste et vêtu d'une robe de chambre de velours brun-rouge à col et revers de soie bleue.

Toile ovale. Haut., 60 cent.; larg., 50 cent.

GREUZE (École de J.-B.)

12 — *Portrait du sculpteur Lem.*

Vu en buste, la tête de trois quarts vers la droite et le corps de profil, il est coiffé d'une perruque à marteaux dont les boucles tombent dans son dos, vêtu d'un gilet de satin jaune, le col de sa chemise entr'ouvert.

Fond, encadrement de pierre en forme d'œil de bœuf.

Toile. Haut., 58 cent.; larg., 50 cent. 1/2.

KRONTEC

13 — *Portraits de deux chiens griffons dans un paysage.*

Toile. Haut., 64 cent.; larg., 71 cent.

Signé en bas à gauche.

LEDIEU (Ph.)

14 — *Cheval bai et cheval gris pommelé, à l'écurie.*

Toile. Haut., 65 cent.; larg., 81 cent.

Signé en bas à droite et daté : *1834.*

LENAIN (École des frères)

15 — *Portrait de Femme vêtue d'un corsage rose décolleté.*

Bois, Haut., 45 cent.; larg., 27 cent.

Cadre en bois sculpté.

Pendant du suivant.

16 — *Portrait de Jeune Femme vêtue d'un corsage de velours amarante.*

Bois. Haut., 45 cent.; larg., 27 cent.

Cadre en bois sculpté.

Pendant du précédent.

MONNOYER (J.-B.)

17 — *Bouquet d'anémones roses et tulipes dans un vase de cristal posé sur un entablement de pierre.*

Toile. Haut., 72 cent.; larg., 59 cent.

MORONI (École de)

18 — *Portrait d'une Petite Fille de qualité.*

Vue presque de face à gauche, coiffée de perles, colletée d'une fraise et vêtue d'une robe rouge.

Toile. Haut., 40 cent.; larg., 32 cent.

PALIZZI (Attribué à CONSTANT)

19 — *Un Coup de soleil en forêt.*

Toile. Haut., 1 m. 30 cent.; larg., 1 mètre.

PÉCRUS (C.)

20 — *Jeune Femme en costume Louis XV, en soie blanche, se mirant dans une glace.*

Bois. Haut., 21 cent.; larg., 16 cent.

Signé en bas à gauche : *C. Pécrus, 1856.*

PRUDHON (École de P.-P.)

21 — *Tête de Jeune Femme voilée de blanc.*

Toile. Haut., 45 cent.; larg., 37 cent.

PRUDHON (P.-P.)

22 — *La Famille malheureuse.*

Toile. Haut., 43 cent.; larg., 32 cent.

Signé en bas à droite.

RIGAUD (École de HYACINTHE)

23 — *Portrait de Jeune Femme en buste.*

Vêtue d'un corsage de soie blanche à manches bleues et rouges.

Toile. Haut., 64 cent.; larg., 58 cent.

VERKOLIE (École de)

24 — *Portrait d'un Seigneur hollandais.*

Vu à mi-jambes, coiffé d'une longue perruque, vêtu d'une robe jaune ornée de dentelle. Il porte un manteau de velours bleu, dont il tient des plis de la main gauche, tandis qu'il s'appuie de la droite sur une balustrade en pierre ; derrière lui, une statue se dresse sur le fond d'un parc.

Toile. Haut., 62 cent.; larg., 53 cent 1/2.

WINTERHALTER

25 — *Portrait de Jeune Femme en buste, vêtue d'un corsage rose décolleté.*

Toile ovale. Haut., 55 cent.; larg., 46 cent.

Signé et daté à gauche.

Peinture en mauvais état de conservation.

26 — Sous ce numéro, tableaux anciens et modernes non catalogués.

GRAVURES

BENAZECH

27 — *Le Prix de l'agriculture.*

— *Le Couronnement de la rosière.*

Deux gravures anciennes imprimées en couleur. Très belles épreuves.

28 — *Le Retour du laboureur.*

Gravure imprimée en noir et encadrée.

COCHIN

29 — *Fêtes de Versailles.*

Quatre gravures encadrées.

30 — *Invitation au bal paré à Versailles.*

Petite gravure signée de Bonneval.

DESCOURTIS

31 — *Histoire de Paul et Virginie.*

Quatre gravures en couleurs encadrées.

DE TROY

32 — *Diane changeant Actéon en cerf.*

Gravure imprimée en noir.

GREUZE (D'après)

33 — *Le Gâteau des rois.*

— *La Veuve et son curé.*

Deux gravures encadrées imprimées en noir.

FRAGONARD (D'après)

34 — *Le Serment d'amour.*

Gravure imprimée en noir, par J. Mathieu.

GÉRARD (D'après Mlle)

35 — *Le Présent.*

Gravure imprimée en noir, encadrée.

HUET (D'après)

36 — *Paysage avec scène galante.*

Gravure imprimée en couleur, encadrée.

37 — *Le Déjeuner.*

Gravure ancienne imprimée en couleur, renmargée.

MARTINET (D'après)

38 — *Les Quatre Saisons.*

Suite de quatre gravures anciennes imprimées en couleurs, par Jazet.

VERNET (D'après Horace)

39 — *Histoire de Mlle de La Vallière et Louis XIV.*

Suite de quatre gravures en couleurs, par Levachez.

40 — Cinq gravures : Histoire d'Henri IV, et quatre gravures : Histoire de Malek Adhel.

41 — Sous ce numéro seront vendues des gravures anciennes, encadrées.

BIJOUX

42 — Collier formé de petits brillants et de dix chatons brillants. A cinq de ces chatons viennent s'accrocher des églantines serties de brillants qui peuvent se monter en broches.

43 — Broche représentant une branche d'églantier avec ses fleurs, feuilles, et boutons; le tout serti de brillants et de roses.

44 — Broche représentant une branche de pavot avec ses feuilles et sa fleur, en or ciselé, enrichie de brillants.

45 — Broche formée d'une opale entourée d'un rang de brillants.

46 — Broche représentant une tête de chien, sertie de roses.

47 — Broche en argent ciselé orné de trois émeraudes et d'un brillant, et terminée par une perle poire.

48 — Broche en or et roses représentant trois chiens dressés faisant rouler un tonneau.

49 — Broche genre ancien, rubis et brillant.

50 — Broche représentant un hanneton en pierres rouges.

51 — Demi-parure, composée de deux boucles d'oreilles et d'une broche en or, formées d'ornements entourant des fleurs de lys, le tout serti de brillants.

52 — Médaillon en or, pavé de brillants; au centre un rubis.

53 — Bracelet-rivière formé de trente-cinq chatons brillants.

54 — Bracelet gourmette en or, enrichi, au centre, d'un grenat accompagné d'ornements en roses.

55 — Bracelet dur en or surmonté d'une feuille en roses et d'une perle.

56 — Bague formée d'un saphir entouré d'un rang de brillants.

57 — Bague formée de deux rubis superposés accompagnés de brillants.

58 — Bague-rivière trois rubis, deux brillants.

59 — Bague en or, formant couronne, ornée de trois émeraudes et de roses.

60 — Bague, genre ancien, formée d'une pierre bleue, entourée d'un rang de petites roses, et barrée en diagonale de trois bandes parallèles également en roses.

61 — Bague, saphir de Ceylan entouré d'un rang de roses.

62 — Bague cinq demi-perles sur un jonc en or.

63 — Bague en or, enrichie de trois opales disposées en trèfle.

64 — Épingle à cheveux en or, enrichie d'une coquille en roses.

65 — Peigne en écaille, monté d'une gourmette or.

66 — Epingle de cravate, perle.

67 — Épingle de cravate, perle grise.

68 — Épingle de cravate quadrilobée, en émail, avec, au centre, une croix en brillant.

69 — Épingle de cravate fer à cheval, saphirs calibrés et roses.

70 — Épingle de cravate, formée d'une pièce d'or, entourée d'un cercle en roses.

71 — Épingle de cravate, formée d'un camée entouré d'un cercle de roses, et surmonté d'un nœud.

72 — Épingle de cravate tête de nègre; yeux roses.

73 — Épingle de cravate fer à cheval en or.

74 — Paire de boucles d'oreilles en roses.

75 — Diadème et paire de boucles d'oreilles, pierres de couleur et perles.

76 — Deux boucles d'oreilles en forme de mouches or, brillants et Labrador.

77 — Garniture formée d'une paire de boutons de manchettes et de trois boutons de plastron en or semés de rubis et de brillants.

78 — Paire de boutons de manchettes en or; au centre, couronne de vicomte en roses.

79 — Deux coulants de cravate en or.

80 — Châtelaine et montre en or enrichies de brillants et de roses.

81 — Un canif et un porte-mine en or.

82 — Breloquet en or.

83 — Médaillon en or. La partie supérieure, émaillée, est recouverte d'ornements en ors de couleurs avec, au centre, un petit sujet miniature.

84 — Chaîne formée de maillons en or émaillé.

85 — Collier formé de motifs en or ciselé, monté de pierres de couleurs.

86 — Paire de boutons de manchettes en or et pierres rouges.

87 — Paire de boutons de manchettes lapis.

88 — Deux paires de boucles d'oreilles, pierres de fantaisie, turquoises et demi-perles.

89 — Demi-parure, composée d'un collier lapis, d'un bracelet et de boucles d'oreilles lapis et roses.

90 — Parure, formée d'un collier, d'un bracelet, d'une broche en argent filigrané rehaussé d'émaux surmontés de pierres de couleur.

91 — Collier, broche, boutons de chemise et boucles d'oreilles en corail.

92 — Breloquet en argent et jargon, enrichi de cinq miniatures.

93 — Breloquet et flacon en argent.

94 — Peigne en écaille et cailloux.

95 — Rivière en cailloux.

96 — Médaillon en argent et cailloux.

97 — Châtelaine en argent et cailloux.

98 — Trois boucles de ceinture en argent et cailloux.

99 — Douze boutons en argent et cailloux.

100 — Agrafe et deux paires de boucles d'oreilles en argent et cailloux.

101 — Agrafe en argent.

102 — Diadème formé de plaques en agate.

103 — Six boules en malachite.

104 — Deux diadèmes en cuivre ciselé et corail.

ARGENTERIE

ANCIENNE ET MODERNE

MÉTAL ARGENTÉ

105 — Écrin, renfermant un plateau, douze gobelets à liqueur à anse, en argent guilloché.

106 — Confiturier-beurrier et tasse en cristal et argent.

107 — Boite en érable, renfermant douze cuillers à thé, un passe-thé, une cuiller à sucre, à poudre et une pince à sucre.

108 — Petit porte-huilier, deux sucriers et deux porte-cure-dents en argent ajouré et repoussé.

109 — Grand plateau ovale à deux anses en argent, à bord repoussé. Époque de la Restauration.

110 — Deux petits cendriers, un vase à deux anses, pelle à fruit, deux porte-tasses en argent avec intérieur en ancienne porcelaine de Chine.

111 — Coupe et six cuillers à café en argent niellé.

112 — Saucière avec son plateau forme coquille en argent repoussé.

113 — Cafetière et un pot à lait en argent. Époque Empire.

114 — Service à thé et à café, comprenant quatre pièces en argent repoussé, style Louis XV.

115 — Six brochettes forme épées, dont une avec aigle, une bouillotte, et un porte-menu en argent.

116 — Sac-nécessaire de voyage en peau de porc, avec flacons en cristal, bouchons en argent.

117 — Nécessaire de voyage dans son coffret, renfermant une cuvette, avec aiguière, un réchaud, une lampe et une glace à main en argent guilloché. *Maison Dumoret.*

118 — Sac de voyage en peau de porc, avec garniture de flacon en cristal, brosses, etc., garnis d'argent repoussé. Style Louis XV.

119 — Panier à pique-nique pour quatre personnes, avec ustensiles en argent, comprenant : couvert, boîtes à sandwich, quatre assiettes, timbales, flacons, etc. *Maison Jones, 23, boulevard des Capucines.*

120 — Dix grands couverts en argent, modèle à coquille. XVIIIe siècle.

121 — Deux cuillers à ragoût en argent, à filet et coquille, avec armoirie gravée. Époque Louis XV.

122 — Lot de vingt-six cuillers ou pelles à sel en argent, dont cinq Empire.

123 — Douze fourchettes à huîtres en argent, manches en ébène, et douze cuillers à œufs, deux couteaux à fromage, une fourchette à pickles, un moulin à poivre et une pince à asperges en argent.

124 — Deux cuillers en argent. Époque Louis XIV.

125 — Vingt-quatre couverts d'entremets en vermeil, avec armoiries gravées. Style Louis XIV. Semblable aux cuillers ci-dessus.

126 — Vingt-quatre cuillers à café en vermeil, avec armoiries et guirlandes de clochettes.

127 — Service à salade, manche en cristal, et trois cuillers à compotes en argent, deux à sauce et une petite louche.

128 — Deux caisses d'argenterie, contenant : trente-six grandes fourchettes, douze grandes cuillers, quarante-deux fourchettes à entremets, trente cuillers à entremets, vingt-trois cuillers à café, une louche, une truelle à poisson, un service à salade, un service à découper, un service à hors-d'œuvre (quatre pièces), deux pelles pour la glace et les fruits. Le tout en argent, style Louis XVI.

129 — Quarante-deux grands couteaux, lames en acier, dix-huit couteaux à dessert, lames en argent, dix-huit couteaux à dessert, lames en acier. Même style que le service précédent.

130 — Vingt-quatre couteaux, avec manches en bois teinté vert imitant le galuchat, avec application de motifs en argent. Époque Louis XV.

131 — Six couteaux, avec manches en argent, à canaux en spirale et fleurs gravées. Époque Louis XVI.

132 — Douze couteaux à dessert, manches en vermeil à palmettes. Époque Empire.

133 — Douze couteaux, lames en argent, manches en nacre et argent. Époque Empire. Marque au Coq.

134 — Douze couteaux à dessert, lames en acier, manches en ébène et argent. Époque Empire. Dans leur vieil écrin.

135 — Vingt-quatre couteaux à dessert, lames et manches en vermeil. Style Louis XVI.

136 — Dix-sept couteaux anciens avec manches en porcelaine, décors de fleurs en couleurs. XVIIIe siècle.

137 — Huit étiquettes à vin en argent, forme croissant, et trois en cuivre doré. Époque Empire.

138 — Sept plats ronds, six plats ovales, de dimensions variées, et six assiettes en argent, à bord orné de motifs Louis XV en repoussé.

139 — Légumier couvert en argent, armoirie gravée.

140 — Sucrier forme vase, avec couvercle, anse mobile et six coquetiers en argent à filet.

141 — Cuvette d'aiguière en argent, bordure à oves et entrelacs, avec armoirie. Vieux Paris. Époque Louis XV.

142 — Deux plats creux et un plat de forme ronde en argent, avec armoiries gravées. Époques Louis XVI et Empire. (Sera divisé.)

143 — Deux flacons à thé et un bol, forme rectangulaire, en argent repoussé. Travail anglais et hollandais.

144 — Deux cafetières et deux chocolatières en argent, dont trois à godrons et motifs repoussés en argent. XVIIIe siècle. Manche bois noir. (Sera divisé.)

145 — Petite cafetière en argent. Époque Louis XVI.

146 — Deux plateaux ovales, l'un supportant deux coquetiers, l'autre huit gobelets en argent repoussé. Travail étranger.

147 — Petit plateau rectangulaire à angles coupés et bord ajouré, sur quatre pieds-boules. Une pince à sucre, une petite coupe ronde à trépied et une cuillère à sucre forme bateau. Époque Empire.

148 — Grande tasse à anse avec son présentoir en vermeil. Époque Empire.

149 — Un sucrier, une boîte à savon, un porte-huilier et deux réchauds en métal argenté. Époques Louis XIV et Louis XV. (Sera divisé.)

150 — Très petit bougeoir Louis XV et un coquetier en argent.

151 — Quatre compotiers en cristal taillé avec pieds-supports en argent ciselé de la *Maison Odiot*. Style Empire.

152 — Quatre salières simples en argent ajouré, à guirlandes et ornements à godrons. Époque Louis XVI.

153 — Paire de salières simples en argent anglais ajouré, à vannerie.

154 — Quatre salières simples sur pieds élevés et quatre plus petites en argent fondu et ciselé, à guirlandes détachées.

155 — Paire de plats creux et ronds à bord godronné et armoirie gravée. Vieux Paris. Époque Louis XVI.

156 — Porte-huilier en argent. Vieux Paris. Époque Louis XV. Avec burette en verre doré.

157 — Cinq dessous de carafe en argent ajouré. Époque Empire.

158 — Grand poêlon en argent, à filet et armoirie, manche en bois noir. Époque Louis XVI.

159 — Écuelle à deux anses gravées et armoiries en argent. Époque Louis XVI.

160 — Plat à œuf en argent à filet, manche en bois noir et casserole à soufflet en argent à filet. *Maison Odiot.*

161 — Belle soupière ronde à quatre pieds et anses à feuillages, couvercle à gorges, bouton pomme de pin et feuilles d'acanthe, armoirie gravée. Époque Louis XVI.

162 — Timbale en argent gravé. Époque Louis XIV.

163 — Important brûle-parfum en argent ciselé, il est formé d'un vase à couvercle ajouré et surmonté d'un groupe de deux dauphins et deux serpents enlacés ; il est supporté par deux statuettes de faunes reposant sur une base ronde à gorge à canaux, tors de lauriers et palmettes. Époque Louis XVI.

164 — Trois surtouts de table avec dessus de glace, dont deux des époques Louis XV et Louis XVI, en métal argenté.

165 — Un pichet, une aiguière et deux carafons en cristal, avec monture en argent.

166 — Écritoire en métal argenté. Époque de la Restauration.

167 — Pièce de surtout de table, formant corbeille à fruits, et munie de huit bras supportant des petites coupes en métal argenté à motifs ajourés. Style Louis XVI.

168 — Trois seaux à rafraîchir, avec armoirie en métal argenté. XVIIIe siècle.

169 — Soupière ovale à deux anses, avec couvercle et bouton formé d'un chou en métal argenté, à quatre pieds à godrons et canaux. Époque Louis XVI.

170 — Deux écuelles couvertes, avec plateaux et un plat en étain.

171 — Trente-deux dessous de carafes en métal argenté, des époques Louis XVI et du Premier Empire. (Sera divisé.)

172 — Vingt et un bouts-de-table, flambeaux et bougeoirs, dont huit paires en métal argenté, des époques Louis XIV, Louis XV et Louis XVI. (Sera divisé.)

173 — Sous ce numéro, nombreuses pièces en métal argenté, comprenant : plateaux, coupe à œufs, bouilloires, jardinières, théières, etc., etc. (Sera divisé.)

DENTELLES

OBJETS DE VITRINE, ÉVENTAILS

BOITES

174 — Deux ombrelles de voiture, avec manches en écaille blonde et ivoire sculpté, couvertes d'une dentelle noire de Chantilly.

175 — Dessus de lit ancien en filet et dentelle de Venise.

176 — Dessus de lit en filet brodé de soie de couleurs.

177 — Lot de neuf mouchoirs en broderie et dentelle ancienne et moderne.

178 — Trois coupes de dentelle point d'Alençon (environ cinq mètres).

179 — Fort lot de dentelles anciennes et modernes, coupes en application de Malines, Valenciennes, point d'Angleterre, Irlande, etc. (Sera divisé.)

180 — Sept éventails modernes. (Sera divisé.)

181 — Trois boites et un étui en émail et porcelaine décorée et une boite ronde en porphyre, avec miniature. (Sera divisé.)

182 — Deux châtelaines en acier, l'une ornée d'une miniature sur émail et de breloques en or, l'autre de motifs en or découpé. XVIIIe siècle.

183 — Châtelaine en cuivre doré, avec deux breloques et une montre en or guilloché. Époque Louis XVI.

184 — Montre d'homme en or ciselé, attributs de la Fidélité. Époque Louis XVI.

185 — Trois montres en or émaillé en forme de boule, lyre et face à main. Époque Louis XVI. (Sera divisé.)

186 — Montre d'homme en or, le revers émaillé fond bleu, ornée d'un sujet : couple dans un paysage et entouré d'un rang de demi-perles; le cadran signé : *Breguet*, *de Paris*, indique les jours. Époque Louis XVI.

187 — Montre en or ciselé émaillé, ornée d'un sujet peint sur émail : l'Oiseau mort; entourage en jargon. Genève, XVIIIe siècle.

188 — Montre d'homme en or repoussé et ciselé, dans un double boîtier en peau de serpent. Époque Louis XV.

189 — Trois petites boîtes en or guilloché, dont une ovale avec filet d'émail. Commencement du XVIIIe siècle.

190 — Montre en argent repoussé et ciselé; le cadran en émail, orné d'un sujet maritime. Époque Louis XV.

191 — Croix normande en or, à feuillages ajourés, ornée de pierres. XVIIIe siècle.

192 — Croix normande en or à cabochons et un cachet. XVIIIe siècle.

193 — Saint Esprit et deux pendants d'oreilles en or ajouré, orné de pierre. Travail normand. XVIIIe siècle.

194 — Deux pendants d'oreilles en or, avec pierres de couleurs et perles. XVIIe siècle.

195 — Boite ovale en ancienne porcelaine de Saxe, décoré de sujets dans le goût de Lancret.

196 — Tabatière ovale en ancien émail de Saxe, décorée de paysages maritimes en couleurs.

197 — Deux boites rondes, l'une en poudre d'écaille couleur marron posée d'or, l'autre en écaille peinte au vernis Martin à rayures; dessus des couvercles avec miniatures ovales. Époque Louis XVI.

198 — Deux boites rondes en écaille blonde, l'une posée d'or, l'autre avec médaillon à bouquet et fleurs en soie découpée sur fond blanc.

199 — Miniature ovale : Portrait de femme coiffée d'un bonnet. Époque Louis XVI.

200 — Miniature ronde : Portrait de jeune femme en corsage blanc et chevelure ornée de fleurs. Époque Louis XVI.

201 — Miniature ovale : Portrait de jeune femme en corsage vert.

202 — Quatre miniatures modernes.

203 — Boite ronde en écaille, peinte au vernis Martin fond rouge-brun et pois verts à filet doré; couvercle orné d'une miniature : Portrait présumé de Mademoiselle Duthé, portant l'inscription et signature suivantes : *Donné par l'amitié. Lise Loyson, pinxit.*

204 — Boîte ronde en écaille brune avec miniature: Portrait de jeune fille d'après Greuze, et une tabatière en écaille brune avec miniature ovale : Portrait d'homme peint sur émail.

205 — Petit éventail avec feuille en soie blanche pailletée, monture en écaille brune incrustée d'or, et deux en corne ajourée. Époque Empire.

206 — Éventail avec feuille en parchemin, peint à l'aquarelle : Couple de musiciens dans un paysage. Monture en ivoire incrustée de burgaux et peint. XVIIIe siècle.

207 — Éventail avec feuille en parchemin : Paysage et personnages sur fond bleu. Monture ivoire, posé d'argent. Époque Louis XVI.

208 — Trois éventails, avec montures en ivoire et corne et feuilles peintes à la gouache, deux sur soie et un sur parchemin. Époque Louis XVI.

209 — Éventail avec feuille en soie ornée de trois médaillons ronds et peint : Sujets allégoriques, encadrement pailleté. Monture en nacre posée d'or et d'argent. Époque Louis XVI.

210 — Bel éventail avec feuille en parchemin peint à la gouache, avec riche composition, représentant David devant l'arche. Monture en nacre ajourée et sujet peint au vernis Martin. Époque Louis XV.

211 — Petit éventail peint au vernis Martin, à sujet mythologique dans un paysage. Époque Louis XV.

212 — Bel éventail avec feuille en soie peint à la gouache de trois réserves à sujets galants, avec encadrement de paillettes. Riche monture en ivoire finement ajouré et posé d'or et d'argent. Époque Louis XVI.

213 — Éventail avec feuille en parchemin peint à la gouache d'un sujet galant sur fond de carrelages; au revers, inscriptions. Monture en ivoire peint. Époque Louis XVI.

FAIENCES ANCIENNES

214 — Sous ce numéro, seront vendues de nombreuses pièces en faïence moderne des fabriques ou imitation de Delft, Marseille, Nion, Rouen, Strasbourg, etc., etc.

215 — Grande statuette de baigneuse en faïence blanche de Niederviller.

216 — Petit plat à barbe et deux berceaux avec enfant en ancienne faïence, décor bleu et couleurs.

217 — Deux plats ronds lobés en ancienne faïence italienne, décor bleu, et un plateau à piédouche en ancienne faïence de Milan, décor chinois polychrome.

218 — Plat à œufs et un bénitier en ancienne faïence italienne.

219 — Paire de figurines de Chinois agenouillés portant une coupe en ancienne faïence, décor polychrome.

220 — Théière en terre de pipe, décor de bouquets de fleurs en couleurs.

221 — Vase à piédouche, avec couvercle, anses en bustes de femmes ailées terminant en gaine, en ancienne faïence émaillée blanc, décoré en relief de palme et frises de rinceaux. Fin du XVIIIe siècle.

222 — Trois compotiers ronds à piédouche en ancienne faïence hollandaise et de Nevers, décor bleu.

223 — Une bouteille et deux petites potiches en ancienne faïence de Delft, décor chinois en bleu.

224 — Paire de vases-cornets en ancienne faïence de Delft, décor de paysages en bleu.

225 — Paire de potiches en ancienne faïence de Delft, décor bleu, à compartiments de fleurs.

226 — Potiche couverte, de forme hexagonale, en ancienne faïence de Delft, décor bleu : fleurs et paon.

227 — Paire de potiches à huit pans et un saladier, de forme rectangulaire, en ancienne faïence de Delft, décor en camaïeu violet : rinceaux en relief sur le bord et bouquets de fleurs.

228-229 — Paire de bouteilles, de forme octogonale, avec renflement au goulot, en ancienne faïence de Delft, à décor chinois en bleu.

230 — Soupière couverte, de forme octogonale, en ancienne faïence de Marseille, décor en couleurs de paysages maritimes et bordures roses.

231 — Deux porte-huiliers en ancienne faïence du Midi, décor bleu et polychrome.

232 — Deux jardinières-porte-fleurs en forme de commodes, en ancienne faïence du Midi.

233 — Compotier rond, à bord festonné, décor bleu à lambrequins et fleurs, repose sur trois pieds, en ancienne faïence du Midi.

234 — Quatre plats, une assiette, une écuelle couverte et un coquetier avec plateau en ancienne faïence de Moustiers, décor en camaïeu et en couleurs, grotesques, fleurs et rinceaux.

235 — Paire de bouquetières en ancienne faïence de Moustiers, de forme mouvementée, décor en couleur : grotesques et fleurs.

236 — Légumier couvert, forme ovale et contournée, avec son plat, en ancienne faïence de Moustiers, décor de fleurs en camaïeu jaune.

237 — Autre légumier couvert, de forme ovale et contournée, avec plat, bouton de couvercle formé d'un artichaut, en ancienne faïence de Moustiers, décor de rinceaux et fleurs en camaïeu jaune.

238 — Légumier couvert, de forme ovale et contournée, en ancienne faïence de Moustiers, décor de rinceaux en bleu, anses mascaron, tête de lion.

239 — Porte-huilier en ancienne faïence de Niederviller, forme bateau, à feuillage ajouré et rocailles ajourées en rouge, bleu et vert, muni de fleurettes en cristal taillé.

240 — Huit pichets en anciennes faïences de Rouen, Moustiers, Nevers et autres.

241 — Cinq jardinières, de formes octogonale et ovale, dont une de tubes porte-fleurs, en anciennes faïences de Rouen, Moustiers et Nevers, décors variés de bleu et camaïeu vert.

242 — Six salières et une grande tasse en anciennes faïences diverses, décors en bleu et en couleurs.

243 — Quatre grandes jardinières, de formes cylindriques, en ancienne faïence de Rouen, décor bleu, et une fontaine forme tonnelet en faïence, décor polychrome.

244 — Vingt-cinq plats de formes et décors divers en ancienne faïence de Rouen et autres. (Sera divisé.)

245 — Porte-huilier, forme octogonale, en ancienne faïence de Rouen, riche décor de branchages; fleurs en couleurs, anse mascaron à tête de femme.

246 — Deux porte-huilier, forme octogonale, en ancienne faïence de Rouen, décor polychrome de fleurs, anses à mascarons têtes de femmes.

247 — Paire de jardinières-porte-fleurs en ancienne faïence de Rouen, décor polychrome à la corne.

248 — Quatre jardinières-porte-fleurs, une soupière ronde avec couvercle, deux boites à épices, un moutardier, trois plats creux, deux compotiers, sept saladiers en anciennes faïences de Rouen et diverses fabriques; décors polychromes et en bleu. (Sera divisé.)

249 — Trois cuvettes de bidets en ancienne faïence de Rouen et autres, décor en bleu et en couleurs.

250 — Jardinière de forme rectangulaire en ancienne faïence de Rouen à bord en relief et anses à têtes d'anges, décor de vase de fleurs dans un encadrement de bandes et fond bleu orné de rinceaux et fleurs en blanc ; repose sur quatre pieds-boule aplatis.

251 — Cache-pot, de forme cylindrique, en ancienne faïence de Rouen, décor de lambrequin fond vert et rinceaux de fleurs en couleurs.

252 — Support-applique en ancienne faïence de Rouen, décor de lambrequin bleu.

253-254 — Six saucières de formes et décors variés en ancienne faïence de Rouen.

255 — Pichet en ancienne faïence de Rouen, à courant d'air, décor en couleurs : fleur et pagodes.

256 — Plat creux rectangulaire à angles coupés en ancienne faïence de Rouen, décor polychrome dit à la pagode.

257 — Importante soupière ronde, avec son couvercle et son plateau à bord contourné, en ancienne faïence de Rouen, à décor bleu : bouquets de fleurs et lambrequins.

(*Provenant de l'Archevêché de Rouen.*)

258 — Sucrier en ancienne faïence de Rouen à décor de fleurs et lambrequin en rouge et bleu.

259 — Fontaine avec couvercle et bassin en faïence de Strasbourg, décor de bouquets de fleurs en couleurs.

260 — Trois plats ronds, un ovale, deux saucières, un pichet, une écuelle et deux présentoirs, en ancienne faïence de Strasbourg, décor de fleurs en couleurs.

261 — Sucrier à poudre, de forme ovale, avec plateau adhérent et couvercle, en ancienne faïence fine de Strasbourg, décor de fleurs en couleurs.

262 — Petite jardinière-porte-fleurs, forme éventail, en ancienne faïence de Strasbourg, décor de fleurs en couleurs.

PORCELAINES

BISCUITS

263 — Sous ce numéro, seront vendues de nombreuses pièces en porcelaines de Saxe et d'Allemagne modernes, telles que : statuettes, groupes, boites, coffrets, compotiers, soupières, sucriers, etc.

264 — Petit buste de Bonaparte en biscuit de Niedervillers, sur socle en porcelaine.

265 — Cinq groupes ou statuettes en biscuit.

266 — Théière couverte et une saucière en ancienne porcelaine de Locré, décor de bouquets de fleurs en couleurs.

267 — Sucrier couvert en ancienne porcelaine de Nast, décor de bronzes et de fleurs en couleurs et guirlande de feuillages en dorure.

268 — Aiguière et cuvette en ancienne porcelaine de Nion, décor en couleur : Paysage avec jeune femme agenouillée devant l'autel de l'amour ; bordure dorée à rinceaux.

269 — Paire de petites cocottes couvertes en ancienne porcelaine blanche de Paris, à bordure dentelée et dorée, manches en bois noir.

270 — Une théière couverte et deux tasses mignonnettes, avec leurs soucoupes, en ancienne porcelaine de Paris, décor de jeux d'enfants en couleurs et bordure dorée.

271 — Partie de service en ancienne porcelaine blanche de Paris, avec chiffre *A. V.* et bordure à rang de perles en dorure, comprenant trois compotiers carrés et quarante-quatre assiettes.

272 — Douze compotiers ronds en ancienne porcelaine blanche de Paris.

273 — Service à café en porcelaine de Paris, du commencement du XIXe siècle, comprenant : une chocolatière, une cafetière, un pot à lait, un sucrier, un bol, douze tasses et leurs soucoupes, décor de paysage en couleurs ; bordure dorée.

274 — Poêlon avec couvercle en ancienne porcelaine de Saxe-Marcolini, décor de bouquets de fleurs en couleurs, manche en bois noir.

275 — Plat creux, bord à vannerie, en ancienne porcelaine de Saxe, décor de bouquets de fleurs.

276 — Pot à lait avec couvercle en ancienne porcelaine de Saxe, décor de paysages en camaïeu rose.

277 — Deux paires de cache-pot en porcelaine de Saxe, décor de branchages et oiseaux en couleurs.

278 — Corbeille ovale sur piédouche en porcelaine à vannerie ajourée, décor en bleu et dorure.

279 — Dix-huit assiettes en porcelaine de Saxe, décor de fleurs en couleurs, marli à vannerie.

280 — Vingt-huit assiettes en porcelaine, décors variés en couleurs.

281 — Deux assiettes creuses en ancienne porcelaine de Vienne, à marli gaufré à vannerie, décor de fleurs en couleurs et dorure.

282 — Quatre seaux à rafraichir en ancienne porcelaine de Vienne, décor japonais en rouge, bleu et or.

283 — Quinze assiettes en ancienne porcelaine de Vienne, décorées de striures en vert, rouge et bleu; bordure dorée.

284 — Paire de bols et une bouilloire couverts avec présentoirs en ancienne porcelaine du Japon, décor rouge, bleu et or, lambrequins et fleurs.

285 — Un lot de porcelaine du Japon, décor polychrome : bols, coupe, beurrier, flacon à thé, etc.

286 — Grosse potiche couverte, de forme octogonale, en porcelaine du Japon, décor polychrome et or.

287 — Deux autres potiches en porcelaine du Japon, décor polychrome.

288 — Douze tasses avec soucoupes en ancienne porcelaine de la Compagnie des Indes, décor de bouquets de fleurs en couleurs et encadrement en dorure.

289 — Partie de service à thé en ancienne porcelaine de la Compagnie des Indes, comprenant : une théière, un pot à lait, un sucrier et un bol, décor de bouquets de fleurs et papillons en couleurs; bordure et fond quadrillé en dorure.

290 — Cinq salières en ancienne porcelaine de la Compagnie des Indes, décor de fleurs en couleurs.

291 — Une théière, une cafetière, un sucrier, huit grandes soucoupes et six tasses sans anses en ancienne porcelaine de la Compagnie des Indes, décors variés : fleurs en couleurs.

292 — Six tasses et soucoupes en porcelaine de la Compagnie des Indes, décor d'armoiries et émaux de couleurs.

293 — Dix petits bols avec couvercles et soucoupes en porcelaine mince de Chine, décor de personnages en camaïeu.

294 — Paire de saucières en ancienne porcelaine de la Compagnie des Indes avec leurs présentoirs, décor de fleurs en camaïeu violet et bleu ; petite bordure en pointillé bleu et or.

295 — Paire de grands plats ovales en ancienne porcelaine de la Compagnie des Indes, décorés au centre d'un paysage couleur sépia ; bordure de filets dorés et bruns et feuillages.

296 — Paire de plats ovales et paire de plats ronds en ancienne porcelaine de la Compagnie des Indes, décor de bouquets de fleurs au centre.

297 — Paire de légumiers couverts forme rectangulaire et contournée en ancienne porcelaine de la Compagnie des Indes, décor de paysage en rouge, bleu et or.

298 — Soupière couverte et son plat de forme ovale, deux saucières et un présentoir en ancienne porcelaine de la Compagnie des Indes, décor de bouquets de fleurs ; bordure à filets bruns et or.

299 — Dix assiettes en ancienne porcelaine de la Compagnie des Indes, décors variés en couleurs.

300-301 — Partie de service en ancienne porcelaine de la Compagnie des Indes au chiffre du roi de Hanovre ; il comprend : une grande soupière ovale couverte, deux petites soupières ovales couvertes, deux légumiers ovales couverts, trois grands plats, un plat à poisson, trois plats creux, deux petits plats, cinquante grandes assiettes, trente-deux petites assiettes dont douze creuses, un bol et un sucrier couvert avec son présentoir. Le tout à décor de petites guirlandes de fleurs et filets bruns avec rehaut de dorure.

302 — Cinquante assiettes dont douze creuses, en porcelaine, modèles assortis au service précédent.

303 — Partie de service en ancienne porcelaine de la Compagnie des Indes, comprenant dix plats et vingt-quatre assiettes, à décor de paysages maritimes en bleu.

304 — Paire de jardinières avec leurs plateaux en ancienne porcelaine de la Compagnie des Indes, décor polychrome : fleurs et oiseaux.

305 — Trente-six assiettes, de forme octogonale, en ancienne porcelaine de Chine, décor en émaux de couleurs : fleurs et paon.

306 — Trente-trois assiettes en ancienne porcelaine de la Compagnie des Indes, décor de fleurs en couleurs.

307 — Coupe en porcelaine de Chine, décorée en émaux de couleurs ; monture en bronze doré.

308 — Paire de compotiers ronds en ancienne porcelaine de Chine, décor de fleurs en émaux de couleurs.

309 — Saucière en ancienne porcelaine de Chine, décor en émaux de couleurs dit à la Pompadour.

310 — Théière avec couvercle en ancienne porcelaine de Chine, décor de pivoines et émaux de couleurs, famille rose.

311 — Théière sphérique et deux jardinières en porcelaine de Chine, décor de papillons en émaux de couleurs.

312 — Paire de cache-pot, de forme cylindrique, en ancienne porcelaine de Chine, à anses coquilles et émaux de couleurs, décor de bouquets de fleurs; bordure à large lambrequin, fond vermicellé chargé de fleurs.

313 — Paire de potiches-balustres en ancienne porcelaine du Japon, décor rouge, bleu et or. Montures en bronze.

OBJETS DIVERS

ARMES, SCULPTURES

314 — Quatre dessous de carafes en bois laqué et peint au vernis de paysage sur fond or. XVIIIe siècle.

315 — Deux grands brocs en cuivre.

316 — Un plateau en émail de Canton, un moutardier en émail de Batersea.

317 — Une petite mandoline, une tasse et sa soucoupe en émail.

318 — Un inro et une boîte en laque d'or du Japon et un étui en ivoire sculpté du Japon.

319 — Trois jardinières anciennes en cuivre rouge repoussé, dont une grande avec pied-support en fer forgé.

320 — Deux boites et deux cache-pot en émail cloisonné de la Chine, fond bleu turquoise.

321 — Couteau de chasse avec manche en jade vert, fourreau de velours garni d'argent gravé.

322 — Quatre plateaux à verre d'eau, avec glace, monture en bronze. Époque de la Restauration.

323 — Deux coffrets en bois peint au vernis. XVIIIe siècle.

324 — Dix grands flacons de forme carrée en verre doré, du XVIIIe siècle.

325 — Lot de verres anciens, gobelets, plateaux, carafons, etc.

326 — Trois petites glaces, cadres en bois doré. Époques Louis XIV et Louis XVI.

327 — Baromètre en bois sculpté doré. Époque Louis XVI.

328 — Glace-trumeau en bois sculpté doré, à motifs de feuillages, rosaces, trophée d'instrument de musique, sur fond peint blanc, munie de deux appliques en bronze à deux lumières. Époque Louis XV.

329 — Buste de femme en marbre blanc.

330 — Buste d'homme en marbre blanc.

331 — Statuette de femme, assise sur un rocher en marbre blanc.

332 — Paire de gaines en marbre blanc, à cannelures dorées.

333 — Paire de gaines en marbre de couleur.

334 — Deux colonnes en marbre de couleur.

335 — Sous ce numéro, seront vendues des armes anciennes et modernes.

BRONZE, PENDULE

LUSTRE

336 — Importante pendule d'applique, avec son socle-support en bois peint au vernis, décorée en couleurs de fleurs et d'un sujet : le Renard et le chien, sur fond vert. Richement orné de bronzes dorés, rocailles et feuillages. Époque Louis XV.

337 — Cartel en bronze doré, à rocaille et branchages fleuris. Cadran signé : *Pérache, à Paris*. Époque Louis XV.

338 — Paire de candélabres en bronze doré, formés chacun d'une statuette de femme drapée, portant un bouquet à six lumières ; base en marbre noir et blanc.

339 — Pendule-lyre en bronze doré, ornée de feuillages, guirlandes, rangs de perles, mascaron à tête de femme. Le cadran signé sur un cartouche en émail bleu : *Charles Bertrand, horloger de l'Académie des Sciences.* Base ovale en marbre blanc orné de bronze doré. Époque Louis XVI.

340 — Pendule religieuse en marqueterie, ornée de bronze, surmontée d'une statuette de Chinois. Époque Louis XIII.

341 — Paire de girandoles à six lumières en bronze gravé, ornées de cristaux.

342 — Pendule Louis XIV en écaille rouge, ornée de bronze doré, surmontée d'une statuette de Renommée.

343 — Pendule en marbre blanc et bronze doré en forme de portique, surmonté d'un vase enguirlandé ; base ornée de rinceaux de feuillages et contre-socle de marbre bleu turquoise, également ornementé de rinceaux en bronze doré. Époque Louis XVI.

344 — Paire de candélabres à trois lumières en marbre blanc et bronze doré, à tige triangu-

laire, surmontée d'une urne avec branches-porte-lumières en bronze doré, supportées par des bustes de femmes, ornées de guirlandes en cristal de roche. Époque Louis XVI.

345 — Pendule de bronze doré : un amour lève un drapeau et découvre le cadran. Époque Empire.

346 — Paire de petits flambeaux formés d'une statuette de femme naïade en bronze patiné, supportant un buste en bronze doré, sur socle-fût en marbre blanc, orné de bronzes dorés. Époque Louis XVI.

347 — Paire de flambeaux formés d'une statuette d'enfant chinois en ancienne porcelaine, décorés en émaux de couleurs. Monture en bronze doré.

348 — Deux pendules en bois sculpté doré. Époques Louis XVI et Empire. (Sera divisé.)

349 — Paire d'appliques en bronze doré, forme lyre à trois lumières, ornés de cristaux. XVIIIe siècle.

350 — Paire d'appliques à deux lumières en bronze doré, modèle à vase enflammé et enguirlandé et feuillage de laurier. Époque Louis XVI.

351 — Paire de flambeaux-bout de table, à trois lumières, en bronze. Époque Louis XVI.

352 — Paire de petites cassolettes en marbre blanc et bleu turquoise, à trépied en bronze doré.

353 — Paire d'appliques en bronze à deux lumières, à deux motif d'amours et médaillon tête de Minerve. Époque Régence.

354 — Paire d'appliques en bronze doré à une lumière, modèle à buste de femme et feuillage. Époque Régence.

355 — Petite pendule en cristal taillé et bronze doré : statuette d'amour supportant le cadran. Époque Empire.

356 — Deux paires de chenets en bronze. XVIIIe siècle.

357 — Sous ce numéro, nombreux flambeaux des époques Louis XV, Louis XVI et Empire.

358 — Paire de candélabres à sept lumières faits de vases, en ancien grès flambé chinois, avec monture en bronze doré et bouquet de fleurs de lys.

359 — Paire d'appliques à deux lumières en bronze à branchages et rocailles enrubannés. Époque Louis XV.

360 — Cinq paires d'appliques à une, deux et trois lumières en bronze. Époques Louis XIV, Louis XV et Louis XVI.

361 — Paire de candélabres à trois lumières formés de vases ovoïdes en onyx, avec branchages de lys porte-lumière.

362 — Deux bustes de femmes en bronze : la Rose et la Diane.

363 — Statuette de Jeanne d'Arc en bronze de Chapu. *Édition Barbedienne.*

364 — Statuette de femme allégorique en bronze patiné.

365 — Lustre en bronze à vingt-quatre lumières, orné de cristaux. XVIIIe siècle.

366 — Lustre hollandais en cuivre, à dix-huit lumières.

367 — Lanterne d'antichambre en bronze de style Louis XV.

368 — Deux petits lustres hollandais en cuivre gravé, à cinq lumières.

MEUBLES ET SIÈGES

369 — Vitrine en bois de rose, à deux portes vitrées, ornée de bronze et dessus de marbre. Époque Louis XV.

370 — Deux vitrines à deux portes vitrées en marqueterie de bois de rose et couleur, à vases de fleurs, ornées de bronze doré. Époque Louis XVI.

361 — Table tric-trac, formant bureau, en acajou mouluré, à pieds fuselés cannelés. Époque Louis XVI.

372 — Secrétaire droit en marqueterie de bois de couleur à vase et draperie, ouvre à un tiroir, abattant et deux portes. Dessus de marbre brèche. Époque Louis XVI.

373 — Petite table à quatre pieds cannelés, de forme contournée, en marqueterie de bois de rose et violette. Époque Louis XV.

374 — Bureau bonheur-du-jour en acajou, ouvrant à volet, à nombreux tiroirs ; dessus de marbre blanc à galerie de cuivre ajourée, orné de bronze doré. Époque Louis XVI.

375 — Guéridon rond en marbre blanc, à galerie de cuivre ajouré. Il repose sur une colonne cannelée de cuivre et trépied en acajou. Époque Louis XVI.

376 — Bureau plat en acajou, ouvrant à deux tiroirs et tirettes. Il est orné de bronzes dorés, tels que ceinture, chutes à draperie, baguettes perlées, ornements, entrées de serrures; dessus en cuir. Époque Louis XVI.

377 — Encoignure en marqueterie de bois de rose à filets, ouvrant à une porte. Dessus de marbre gris. Époque Louis XVI.

378 — Table à jeu en marqueterie de bois de couleur avec damier, à quatre pieds cambrés. Époque Louis XV.

379 — Table à jeu-bouillotte en acajou et filet de cuivre. Époque Louis XVI.

380 — Ameublement de chambre à coucher Louis XVI, comprenant : un lit, une armoire à glace, une commode à trois tiroirs, un chiffonnier et une table de nuit en acajou et baguette de cuivre.

381 — Table à coiffer en acajou, à pied gaine. Époque Louis XVI.

382 — Table-volet en marqueterie de bois, à contour de fleurs. Travail hollandais.

383 — Petite desserte en acajou à filet et plaquée de cuivre, à côtés cintrés ; dessus de marbre blanc à galerie de cuivre ajouré. Époque Louis XVI.

384 — Table carrée en acajou et filet de cuivre, à tablette d'entrejambe : dessus de marbre blanc. Époque Louis XVI.

385 — Guéridon-bouillotte en acajou et pieds cannelés de cuivre ; dessus de marbre blanc et couvercle mobile. Époque Louis XVI.

386 — Table-coiffeuse en acajou et filet de cuivre ; dessus à couvercle à glace intérieur. Époque Louis XVI.

387 — Paire de petites tables-supports, trépied en bois peint au vernis Martin.

388 — Deux lits Louis XVI en bois sculpté ciré.

389 — Meuble en noyer mouluré, formant secrétaire et vitrine, avec petit coffre-fort à la partie inférieure. XVIIIe siècle.

390 — Deux consoles d'appliques à deux pieds en bois sculpté ciré ; dessus de marbre gris. Époque Louis XV.

391 — Grande console d'applique à quatre pieds et croisillon en bois sculpté ciré, à rocailles et feuillages ; dessus de marbre de couleur. Époque Louis XV.

392 — Armoire normande en bois richement sculpté, à deux portes avec glaces. Époque Louis XVI.

393 — Meuble à raser en acajou et baguette de cuivre avec miroir mobile, ouvrant à trois tiroirs. Époque Louis XVI.

394 — Console d'applique, de forme demi-lune, à deux pieds, traverse d'entrejambe, ornée d'un vase, en bois sculpté; dessus de marbre blanc. Époque Louis XVI.

395 — Autre console d'applique, de forme demi-lune, avec glace, en bois sculpté peint et doré. Travail italien du XVIIIe siècle.

396 — Commode à deux tiroirs, sur pieds élevés, de forme contournée, en laque fond rouge et brun, décoré d'un paysage maritime, orné de bronze doré; dessus de marbre brèche. Fin de l'époque Louis XV.

397 — Commode à trois tiroirs, de forme contournée, en marqueterie de bois de rose et violette, ornée de bronzes dorés; dessus de marbre de couleur. Époque Louis XV.

398 — Coffre en chêne sculpté, orné d'un motif représentant le Jugement de Salomon.

399 — Buffet, à deux corps et quatre portes vitrées, en chêne sculpté. XVIIIe siècle.

400 — Deux meubles-crédences en chêne sculpté. Style gothique.

401 — Horloge avec boîte en bois sculpté ciré. Époque Louis XVI.

402 — Petit meuble-cabinet en bois et ivoire laqué d'or du Japon.

403 — Petite vitrine plate rectangulaire en bois sculpté doré, à canaux et entrelacs.

404 — Vitrine à deux corps en bois sculpté, à côtés vitrés et fond de glaces. Style Louis XVI.

405 — Ameublement de salon, comprenant : un canapé et six fauteuils à dossier médaillon, en bois sculpté, époque Louis XVI, un couvert de soie rouge brochée.

406 — Quatre fauteuils à dossier rectangulaire en bois sculpté ciré, de l'époque Louis XVI, couvert de tapisserie au point et de soie rouge brochée.

407 — Deux fauteuils à dossier-médaillon, à bouquets de roses, en bois sculpté ciré, époque Louis XVI, couvert de soie rouge brochée.

408 — Fauteuil Louis XVI en bois sculpté ciré, à enroulement de ruban, couvert de tapisserie au point, à vase et bouquets de fleurs.

409 — Petit fauteuil de bureau en bois sculpté peint et canné, couvert de peau de porc, époque Louis XVI, porte l'estampille de *P. Remy*.

410 — Petit fauteuil bas en bois sculpté ciré canné. Époque Louis XV.

411 — Fauteuil en bois sculpté ciré, époque Louis XV. couvert en étoffe brochée rouge.

412 — Grand tabouret carré en bois sculpté ciré. Époque Louis XV.

413 — Paire de tabourets en bois sculpté ciré. Époque Louis XIII.

414 — Fauteuil de bureau en acajou sculpté, époque Directoire, couvert de cuir rouge.

415 — Deux bergères à oreilles en bois sculpté peint blanc, Époque Louis XV.

416 — Paire de bergéres en bois sculpté, dont une peint blanc et une en bois ciré. Époque Louis XV.

417 — Quatre fauteuils Louis XV en bois sculpté peint. Modèles variés.

418 — Grand canapé à joue en bois sculpté, peint blanc. Époque Louis XV.

419 — Bergère en bois sculpté ciré, couverte de velours marron. Époque Louis XVI.

420 — Deux chaises percées en bois sculpté, cannées. Époque Louis XV et Louis XVI.

421 — Deux chaises Louis XV en bois sculpté doré.

422 — Fauteuil à dossier ovale en bois sculpté, peint blanc. Époque Louis XVI.

423 — Deux chaises Directoire en bois sculpté, peint blanc, couvertes de velours jaune.

424 — Plusieurs tabourets de pieds et poufs en bois sculpté, couverts d'étoffe et tapisserie au point.

425 — Fauteuil en bois sculpté ciré, couvert d'ancienne tapisserie au point. Époque Louis XV.

426 — Deux chaises en bois sculpté ciré et canné. Époque Louis XV.

427 — Fauteuil en bois sculpté ciré, à dossier-médaillon, orné de rangs de perles et nœud de rubans. Époque Louis XVI.

428 — Petit canapé Louis XVI en bois sculpté laqué, couvert de soie blanche brochée de fleurs.

429 — Six fauteuils et une bergère en bois sculpté, peint blanc, accotoirs à balustres. Époque Louis XVI.

430 — Un canapé et deux fauteuils en bois sculpté ciré et canné. Style Louis XVI.

431 — Écran en bois sculpté ciré, avec feuille en tapisserie au point, fond jaune. Époque Louis XVI.

432 — Petit écran en bois sculpté, avec feuille en ancienne tapisserie au point à vase de fleurs.

433 — Écran Louis XVI en bois peint blanc, feuille en soie rouge.

434 — Paravent en bois sculpté doré, à quatre feuilles en cuir de Cordoue.

435 — Écran en bois sculpté doré, à feuillages et feuille en tapisserie au point à fleurs.

TENTURES, ÉTOFFES

TAPIS

436 — Deux paires de rideaux en soie jaune et galon bleu. Époque Empire.

437 — Nombreuses carpettes d'Orient.

438 — Étoffes anciennes.

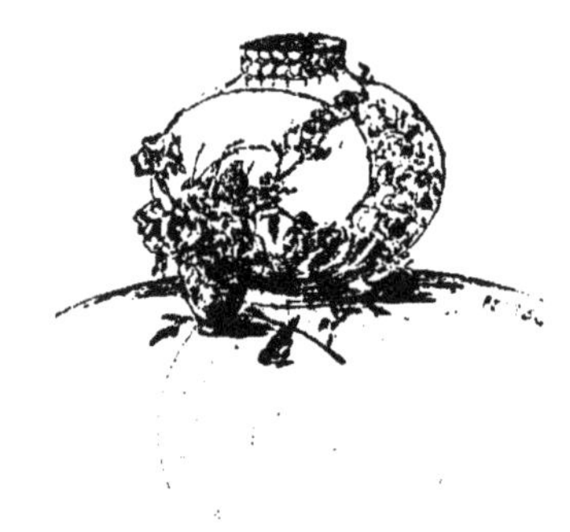

www.ingramcontent.com/pod-product-compliance
Ingram Content Group UK Ltd.
Pitfield, Milton Keynes, MK11 3LW, UK
UKHW021650260726
13994UKWH00003B/1380

9 782329 506524